MEIN GALAKTISCHER WELTRAUM-ATLAS

Illustriert von Paul Daviz
Geschrieben von Jane Wilsher

EARTH AWARE
KIDS

Created by Weldon Owen, an imprint Insight Editions, LP

Published by arrangement with Weldon Owen, an imprint of
Insight Editions, LP, 800 A Street, San Rafael, CA 94901, USA,
www.insighteditions.com

Titel der Originalausgabe: My First Space Atlas
Texte: Jane Wilsher
Illustrationen: Paul Daviz
Beratung: Professor Ben Maughan, University of Bristol
Redaktion: Catherine Ard
Grafik: Tory Gordon-Harris
Art Director: Stuart Smith
Herausgeber: Sue Grabham

1. Auflage 2024

moses. Verlag GmbH
Arnoldstraße 13d
47906 Kempen
Fon: 02152-209850
Mail: info@moses-verlag.de
www.moses-verlag.de

Übersetzung: Elena Bruns
Cover & Satz: Daniel Dittmann
Redaktion: Kendra Otte

ISBN: 978-3-96455-3133

Printed in China

MIX
Papier aus verantwortungsvollen Quellen
FSC® C188448

INHALT

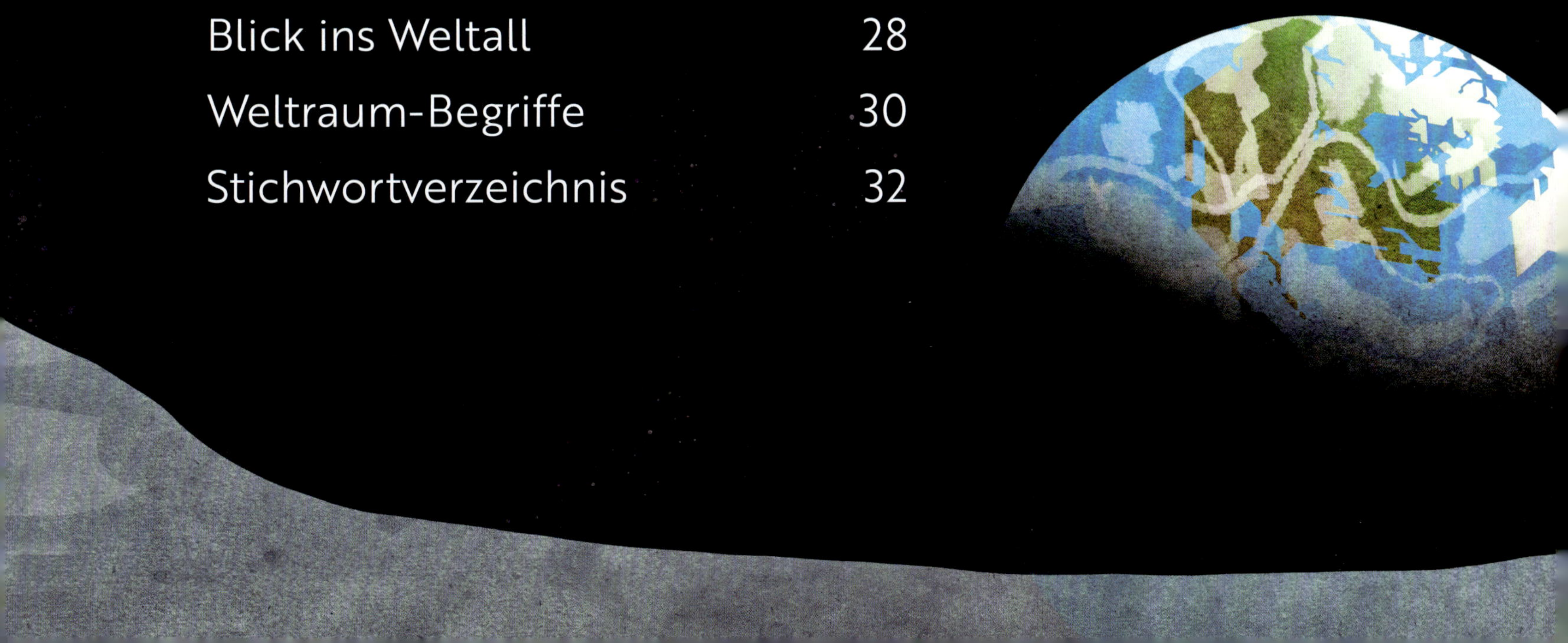

DER STERNENHIMMEL

Schau nach oben! Jede Nacht bietet der Himmel dir eine strahlende Lichtershow. Kaum zu glauben, aber du schaust tief ins Weltall! Jedes winzige, funkelnde Licht, das du siehst, ist ein weit entfernter Stern oder Planet. Erkennst du auch das freundliche Gesicht des Mondes? Er blickt zu dir herunter, wenn du ihn betrachtest.

Während du in den Nachthimmel schaust, stehst du auf einem großen, runden, steinigen Planeten: der Erde, deinem Zuhause. Für uns fühlt sich die Erde unglaublich groß an, dabei ist sie nur ein kleiner Planet unter Milliarden anderen im All.

Mond

HASE IM MOND

Auf seiner Oberfläche hat der Mond einige dunkle Flecken. Manche meinen, sie sehen aus wie ein Kaninchen mit zwei langen Ohren. Was siehst du?

LODERNDE FEUERBÄLLE

Das Licht, das du hier über den Himmel rasen siehst, ist ein Weltraumfels, der sich der Erde genähert hat. Er verglüht zu einem Ball aus Feuer: einer Sternschnuppe.

Sternschnuppe

WARME DECKE

Die Erde ist von einer unsichtbaren Luftschicht umgeben. Diese Luft atmen wir. Man nennt sie Atmosphäre, und sie hält die Erde schön warm.

STERNE BETRACHTEN

Was kannst du am Nachthimmel entdecken? In den Städten ist es wegen des Lichts der Straßenlaternen und Häusern schwieriger, Sterne zu sehen.

Was kannst du am Nachthimmel sehen?

Flugzeug

Sternschnuppe

SCHAU GENAU!

Wie viele Menschen sehen hier in den Nachthimmel? Entdeckst du die startende Rakete?

UNSERE GALAXIE

In einer klaren Nacht kannst du vielleicht ein dunstig-trübes Band aus Licht am Himmel sehen. Das ist die Milchstraße – unsere eigene Galaxie, die aus Milliarden von Sternen besteht.

HELLE PLANETEN

Einige der hellsten Lichter am Nachthimmel sind Planeten. Am deutlichsten zu sehen ist die Venus.

GENAUER GESCHAUT

Menschen können den Nachthimmel durch ein Teleskop betrachten. Weit entfernte Dinge sehen dadurch größer und heller aus.

BEWEGLICHE LICHTER

Astronautinnen und Astronauten arbeiten auf der Internationalen Raumstation ISS. Halte Ausschau nach den schimmernden Lichtern der Station, die sich über den Himmel bewegen.

SUPER-TELESKOP

In Sternwarten gibt es besonders leistungsstarke Teleskope. Durch das gewölbte Dach einer Sternwarte lässt sich der Himmel außerordentlich gut betrachten.

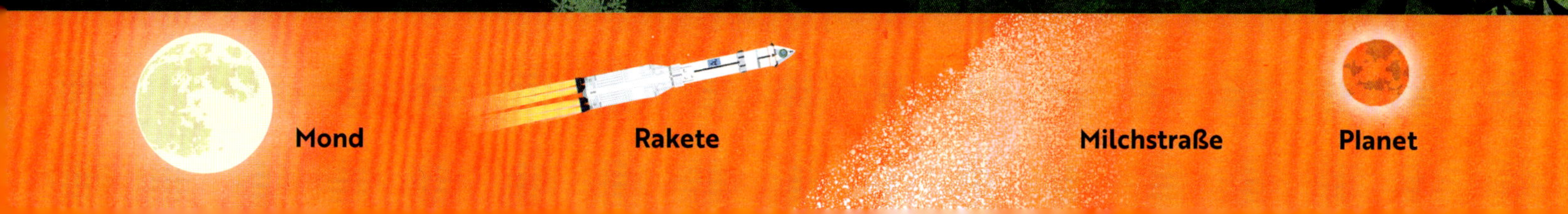

3, 2, 1 … START!

Stell dir vor, du bist ein Astronaut oder eine Astronautin und sitzt in einer Rakete, die gerade ins All startet. Die Motoren dröhnen, und die Rakete rüttelt dich ordentlich durch, als sie Fahrt aufnimmt. Du hörst Menschen, die über das Funkgerät mit dir sprechen. Sie gehören zu einem Team von Forschenden, die deine Weltraummission begleiten und dafür sorgen, dass alles glattläuft. In nur acht Minuten lässt du die Erde weit hinter dir und tauchst in die schwarze Finsternis des Weltalls ein.

Raumfahrzeuge starten von riesigen Weltraumbahnhöfen aus. Einen Raketenstart vorzubereiten dauert Jahre. Astronautinnen und Astronauten müssen für das Leben im All trainieren und die Aufgaben üben, die sie dort erledigen sollen.

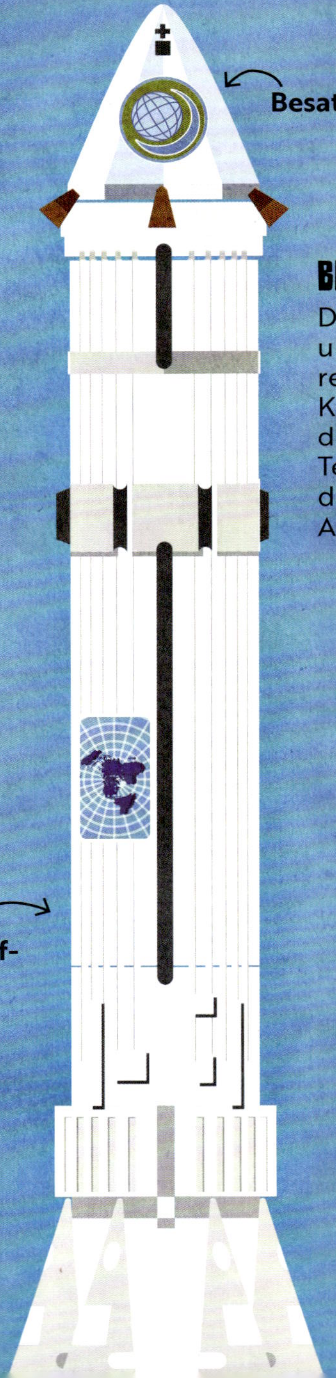

BESATZUNGSKAPSEL

Die Astronautinnen und Astronauten reisen in einer kleinen Kapsel an der Spitze der Rakete. Nur dieser Teil der Rakete fliegt den ganzen Weg ins All.

VOLLE TANKS

Eine Rakete braucht viel Treibstoff, um ins All abzuheben. Wenn die Tanks leer sind, fallen sie zurück auf die Erde.

SCHAU GENAU!

Entdeckst du die Besatzungskapsel? Wo sind die Triebwerke der Rakete?

3. Die Besatzungskapsel dockt an der ISS an.

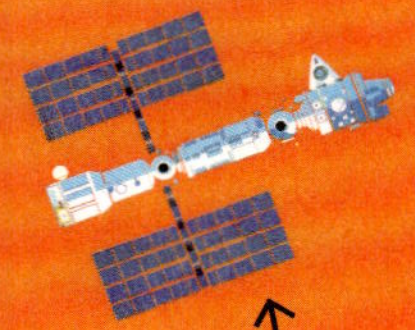

2. Der zweite Treibstofftank fällt ab.

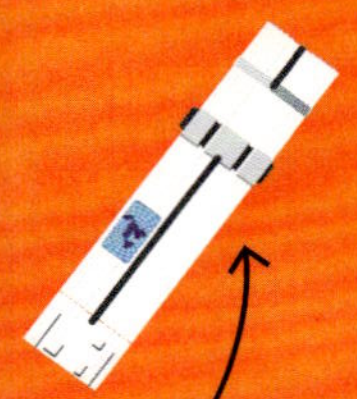

HOLPRIGER START

Mit einem rumpelnden Dröhnen hebt die Rakete ab. Die Zuschauenden können spüren, wie der Boden unter ihren Füßen bebt .

JUBELNDE MENGE

Viele Menschen kommen, um den Start der Rakete zu beobachten. Die Tribüne für das Publikum steht in sicherer Entfernung.

START

Leistungsstarke Triebwerke lassen die Rakete in die Lüfte abheben.

VERBRENNUNG

Beim Start der Rakete wird Treibstoff verbrannt. Aus den Triebwerken steigen Flammen und Rauch auf.

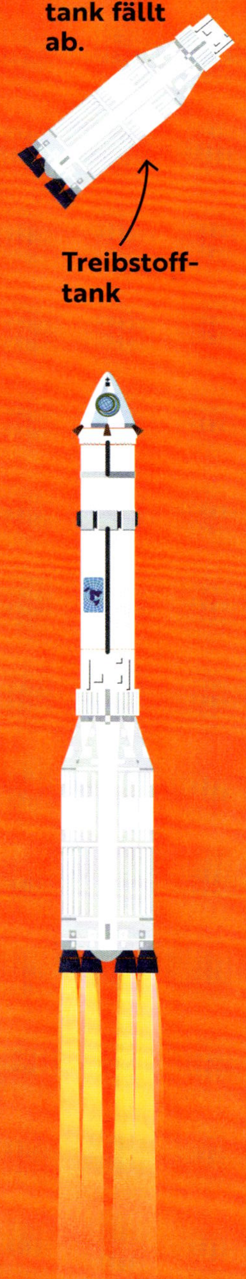

Was passiert nach dem Abheben?

ALLTAG IM ALL

Bereit zum Andocken! Stell dir vor, du bist von der Erde aus 19 Stunden in einer Rakete gereist. Jetzt ist es Zeit, an der Internationalen Raumstation, der ISS, anzudocken. Die ISS bewegt sich unglaublich schnell. In nur 90 Minuten düst sie einmal um unseren Planeten. Für die nächsten sechs Monate wird sie dein Zuhause sein. Astronauten und Astronautinnen aus aller Welt arbeiten, essen, trainieren und schlafen hier – genauso wie auf der Erde. Nur dass im Weltraum alles schwerelos ist. Menschen und Gegenstände schweben umher.

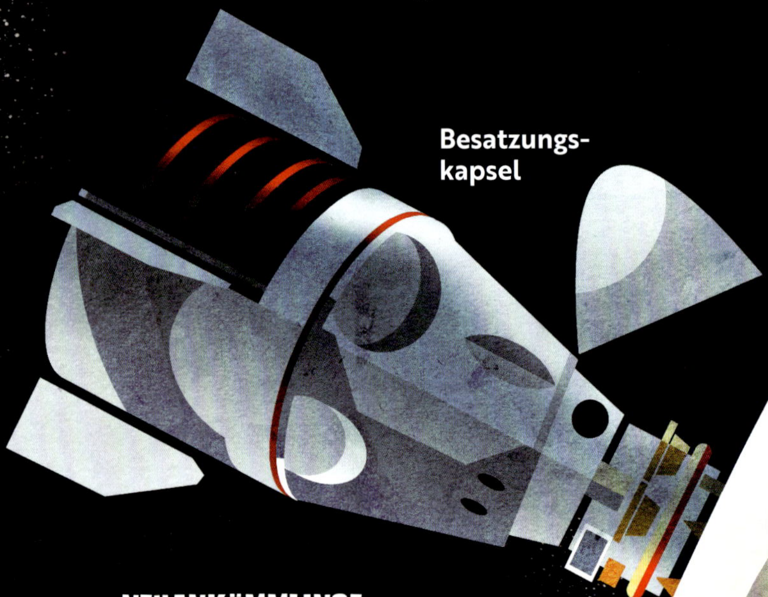

NEUANKÖMMLINGE

Wenn eine Rakete ankommt, verbindet sie sich mit der ISS. Das nennt man Andocken.

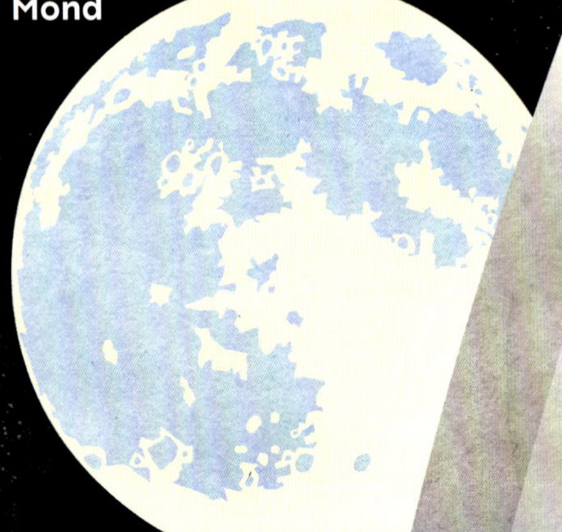

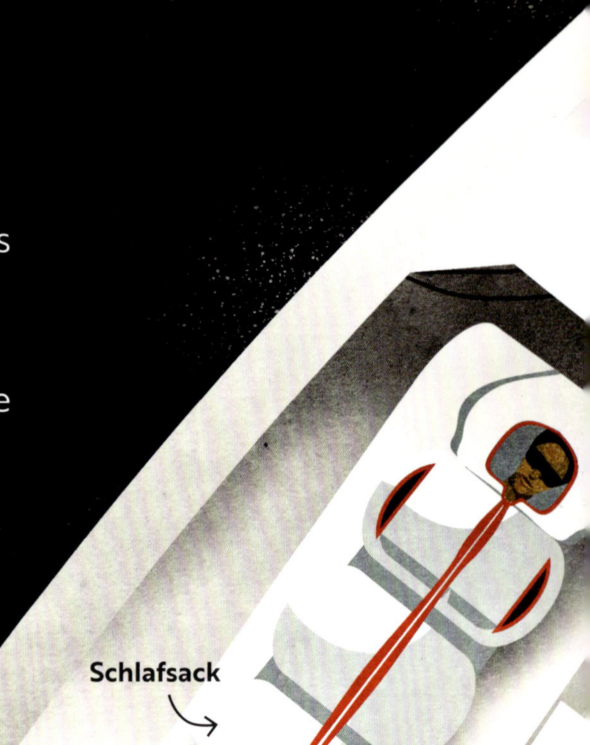

SÜßE TRÄUME

Die Schlafsäcke sind an der Wand befestigt, damit niemand beim Schlafen davonschwebt!

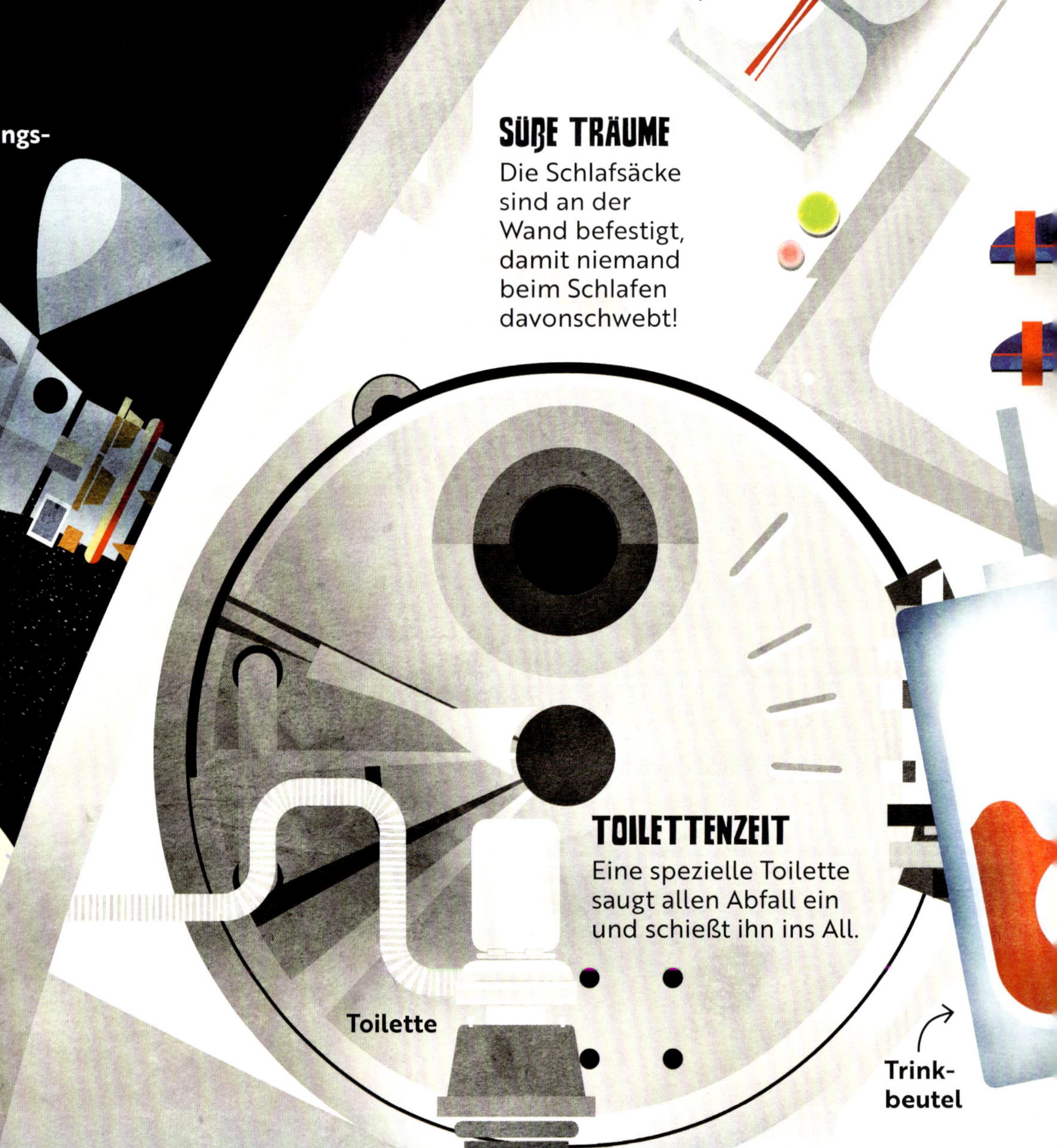

TOILETTENZEIT

Eine spezielle Toilette saugt allen Abfall ein und schießt ihn ins All.

Wie sieht ein Tagesablauf auf der ISS aus?

7 UHR Frühstück

8 UHR Sport

11 UHR Experimente

NACH HAUSE TELEFONIEREN

Die Crew-Mitglieder nutzen einen Computer, um zu Hause anzurufen. Über ein Headset sprechen sie mit ihren Familien.

HOUSTON

LONDON

MOSKAU

Headset

Erde

SCHAU GENAU!

Wozu dienen die Pflanzen im Labor?
Aus wie vielen Mitgliedern besteht die Besatzung?

FITNESS IM ALL

Tägliches Training auf dem Laufband hält die Besatzung fit und stark.

VERSUCHSLABOR

Die Mannschaft führt Experimente durch. Zum Beispiel wird untersucht, unter welchen Bedingungen Pflanzen im All wachsen.

Bildschirm

KEINE KEKSE!

Krümelndes Essen ist nicht erlaubt. Umherschwebende Krümel könnten in die Maschinen geraten und sie kaputtmachen.

BEQUEME KLEIDUNG

Im Innern der ISS sind keine Raumanzüge nötig. Alle tragen normale Kleidung.

PFEFFERMINZGESCHMACK

Zahnpasta muss runtergeschluckt werden. Es gibt keine Waschbecken zum Hineinspucken.

13 UHR Mittagessen

15 UHR Weltraumspaziergang

19 UHR Abendessen

21:30 UHR Schlafenszeit

WELTRAUMSPAZIERGANG

Wie fühlt es sich an, einen Weltraumspaziergang zu machen? Du müsstest einen dicken Raumanzug anziehen und einen Helm aufsetzen, dann öffnest du die Luke und schwebst in die Dunkelheit hinaus. Ein spezielles Kabel, ein sogenannter Space Tether, hält dich sicher mit der Raumstation verbunden, während du draußen bist. Es gibt viele wichtige Aufgaben zu erledigen, zum Beispiel Reparaturen ausführen, Geräte testen und Fotos machen.

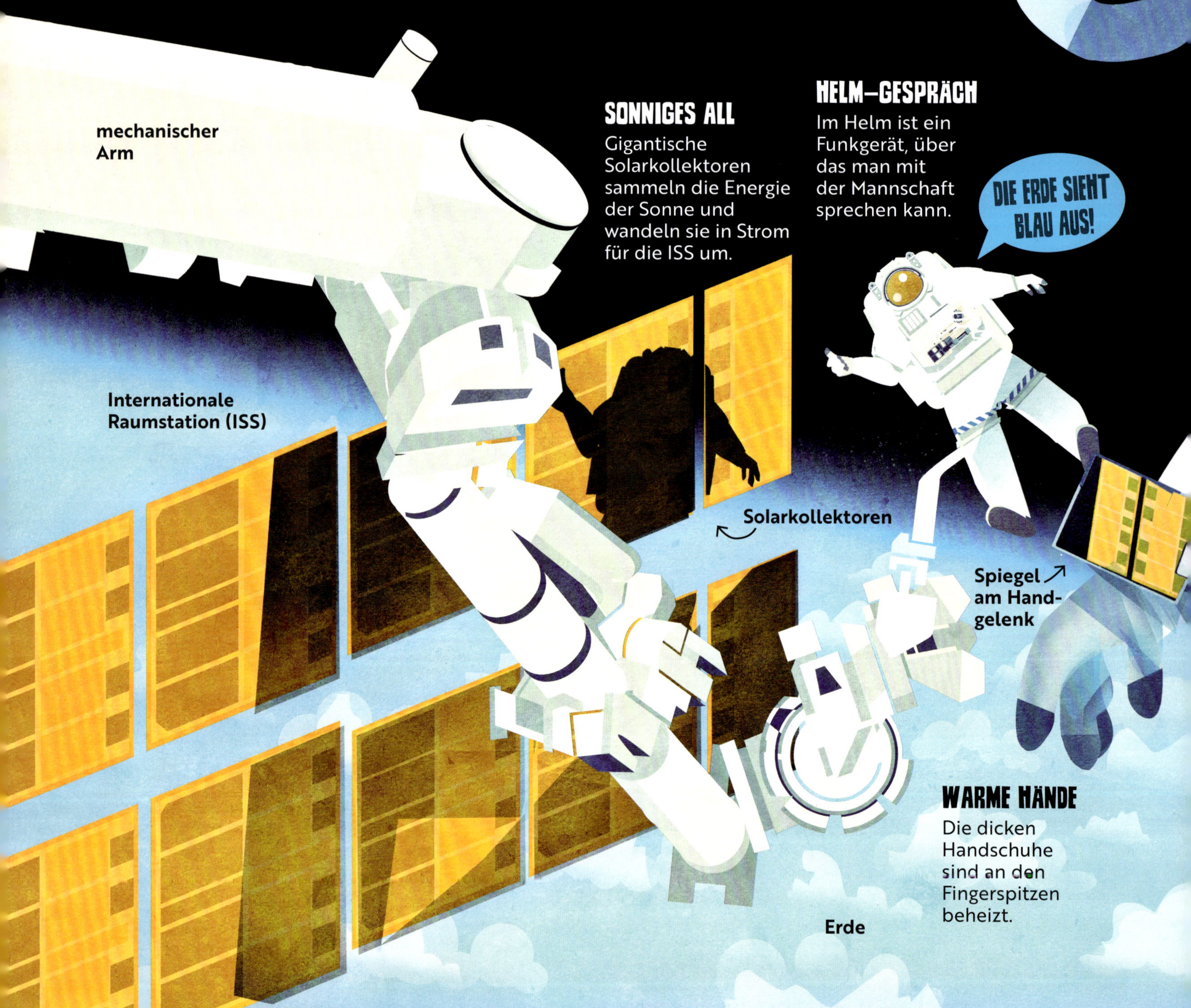

SONNIGES ALL

Gigantische Solarkollektoren sammeln die Energie der Sonne und wandeln sie in Strom für die ISS um.

HELM-GESPRÄCH

Im Helm ist ein Funkgerät, über das man mit der Mannschaft sprechen kann.

WARME HÄNDE

Die dicken Handschuhe sind an den Fingerspitzen beheizt.

Entdeckst du diese Dinge, die Astronautinnen und Astronauten brauchen?

Kamera

Handgelenk-Spiegel

Tether

Visier

PRAKTISCHER RUCKSACK

Dieser Rucksack enthält Luft und Trinkwasser. Außerdem verfügt er über Düsentriebwerke, die den Astronauten oder die Astronautin zurück zur Raumstation bringen können.

HELLES LICHT

Ein goldglänzendes Visier schützt die Augen vor der Sonne.

SCHAU GENAU!

Was tragen die Astronauten an den Händen?

Welche Astronautin hat blaue Streifen am Raumanzug?

SCHNAPPSCHUSS

Fotos der fertigen Reparaturen werden zur Erde gesendet.

RAUMANZUG

Ein Raumanzug besteht aus 14 Schichten. Damit sich der Mensch darin gut bewegen kann, ist der Anzug in Abschnitte unterteilt wie der Körper einer Raupe.

WER IST WER?

Du kannst die Crew-Mitglieder an den verschiedenfarbigen Streifen an ihren Raumanzügen unterscheiden.

AUSFLUG ZUM MOND

Schließ deine Augen und stell dir vor, du bist auf dem Mond und fährst in einem Mondrover herum. Pass auf die Schlaglöcher auf! Ein Mondrover ist ein besonderes Raumfahrzeug. Es hat keine Seiten und kein Dach, nur Sitze, Räder und einen Boden. Und es lässt sich zusammenklappen.

Sieh nur! Da in der Ferne ist unser wunderschöner blauer und grüner Planet. Vom Mond aus kannst du die Landflächen der Erde sehen, ihre Ozeane und die Wolken. Auf dem Mond gibt es keine Bäume oder Wasser, aber dennoch einiges zu entdecken. Du kannst Mondgestein sammeln und Fotos machen.

BLEIBENDE ABDRÜCKE

Spuren im staubigen Untergrund bleiben für immer. Kein Wind und kein Regen verwischen sie.

Sieh mal, der Mond scheint seine Form am Nachthimmel zu verändern!

MOND-FILM
Siehst du die Kamera? Die Aufnahmen werden per Antenne zur Erde gesendet.

SCHAU GENAU!
Findest du die Fußabdrücke im Staub? Wie viele Räder hat der Mondrover?

ROBUSTE REIFEN
Metallräder verhindern, dass der Mondrover im weichen, staubigen Untergrund einsinkt.

MONDLANDSCHAFT
Der Mond hat Berge und Täler und weite flache Ebenen.

RIESIGE LÖCHER
Die Mondoberfläche ist bedeckt von schüsselförmigen Vertiefungen, den Kratern. Sie stammen von riesigen Weltraumbrocken, die auf den Mond gestürzt sind.

UNSER EIGENER STERN

Was meinst du, was dieser riesige Feuerball sein könnte? Es ist unser Stern – die Sonne! Kaum zu glauben, aber der Sonnenschein, der dir im Sommer das Gesicht wärmt und jeden Morgen durch die Vorhänge lugt, stammt von diesem superheißen Stern. Die Sonnenstrahlen legen Millionen von Kilometern durchs All zurück, um uns zu erreichen. Alles Leben auf der Erde benötigt die Sonne. Sie spendet uns Wärme und Licht und hilft den Pflanzen beim Wachsen.

Menschen können die Sonne nicht besuchen. Sie ist viel zu heiß und viel zu weit weg. Stattdessen schicken wir Raumfahrzeuge ohne Besatzung an Bord, sogenannte Raumsonden. Sie sammeln Informationen und senden sie zurück zur Erde.

WIE HEIß?

Die Oberfläche der Sonne ist fünf Mal heißer als jeder ausbrechende Vulkan auf der Erde.

SIEHST DU DIE FLECKEN?

Die dunklen Flecken auf der Sonne nennt man Sonnenflecken. Sie sind kühler als der Rest der Oberfläche.

GLÜHENDE KORONA

Die Korona ist eine Schicht aus glühenden Gasen, die die Sonne umgibt. Sie ist hundert Mal heißer als die Sonne selbst.

Was gibt uns die Sonne? **Licht**

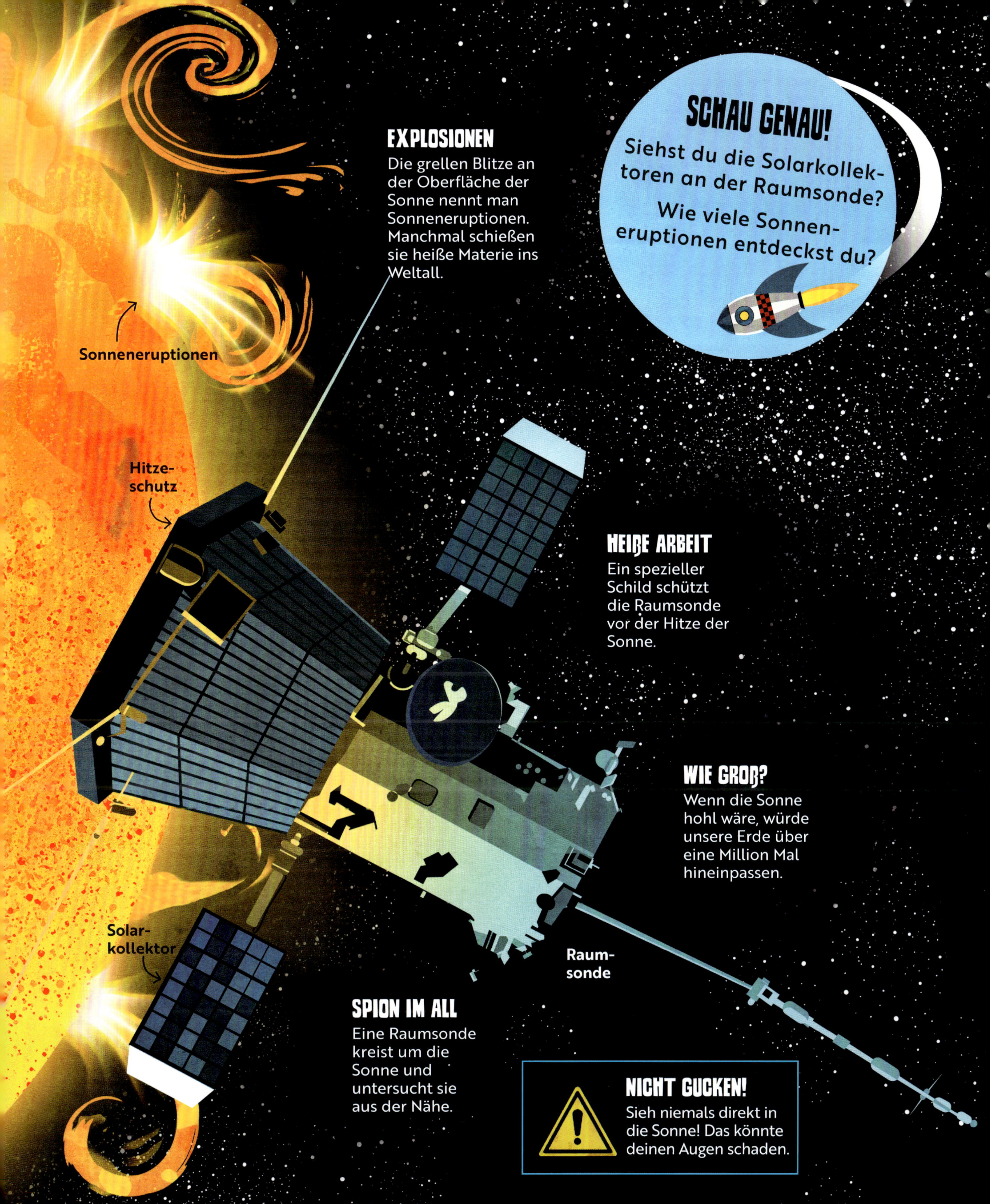

EXPLOSIONEN

Die grellen Blitze an der Oberfläche der Sonne nennt man Sonneneruptionen. Manchmal schießen sie heiße Materie ins Weltall.

SCHAU GENAU!

Siehst du die Solarkollektoren an der Raumsonde?

Wie viele Sonneneruptionen entdeckst du?

HEIßE ARBEIT

Ein spezieller Schild schützt die Raumsonde vor der Hitze der Sonne.

WIE GROß?

Wenn die Sonne hohl wäre, würde unsere Erde über eine Million Mal hineinpassen.

SPION IM ALL

Eine Raumsonde kreist um die Sonne und untersucht sie aus der Nähe.

NICHT GUCKEN!

Sieh niemals direkt in die Sonne! Das könnte deinen Augen schaden.

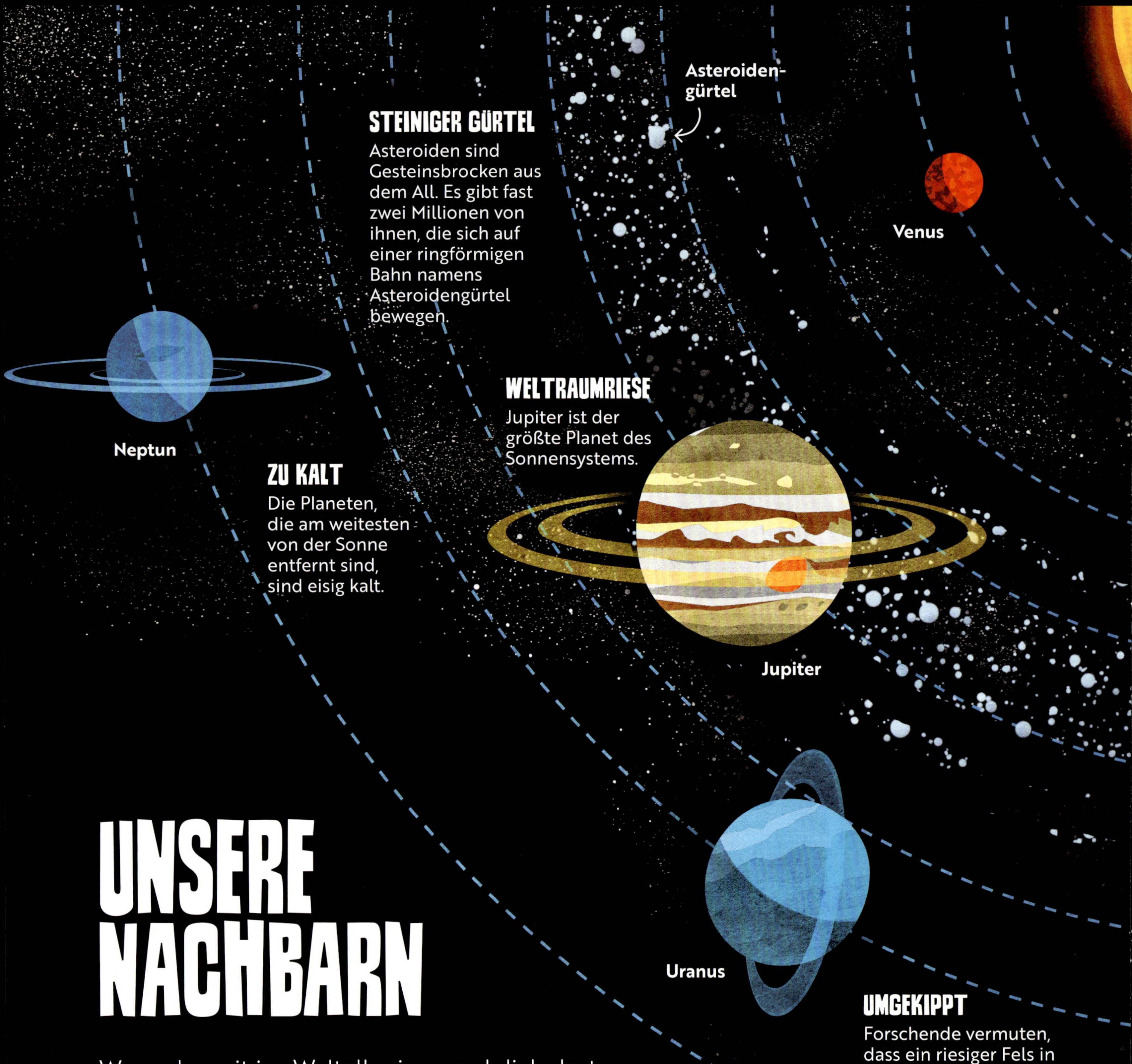

STEINIGER GÜRTEL

Asteroiden sind Gesteinsbrocken aus dem All. Es gibt fast zwei Millionen von ihnen, die sich auf einer ringförmigen Bahn namens Asteroidengürtel bewegen.

WELTRAUMRIESE

Jupiter ist der größte Planet des Sonnensystems.

ZU KALT

Die Planeten, die am weitesten von der Sonne entfernt sind, sind eisig kalt.

UMGEKIPPT

Forschende vermuten, dass ein riesiger Fels in den Uranus gekracht sein könnte und er deshalb auf die Seite gekippt ist.

UNSERE NACHBARN

Wenn du weit ins Weltall reisen und dich dort umsehen könntest, dann würdest du das Sonnensystem entdecken. Das ist das Planetensystem, in dem sich auch unsere Erde befindet. Genau in der Mitte ist die feurige Sonne. Um die Sonne herum kreisen acht Planeten, darunter auch die Erde, und Millionen von größeren und kleineren Gesteinsbrocken.

Die Planeten bewegen sich in Schleifen auf ihrer sogenannten Umlaufbahn. Genau wie unsere Erde, dreht die Sonne sich außerdem um sich selbst. Du fühlst es nicht, aber die Erde dreht sich mit 1.600 km pro Stunde.

Was befindet sich im Sonnensystem?

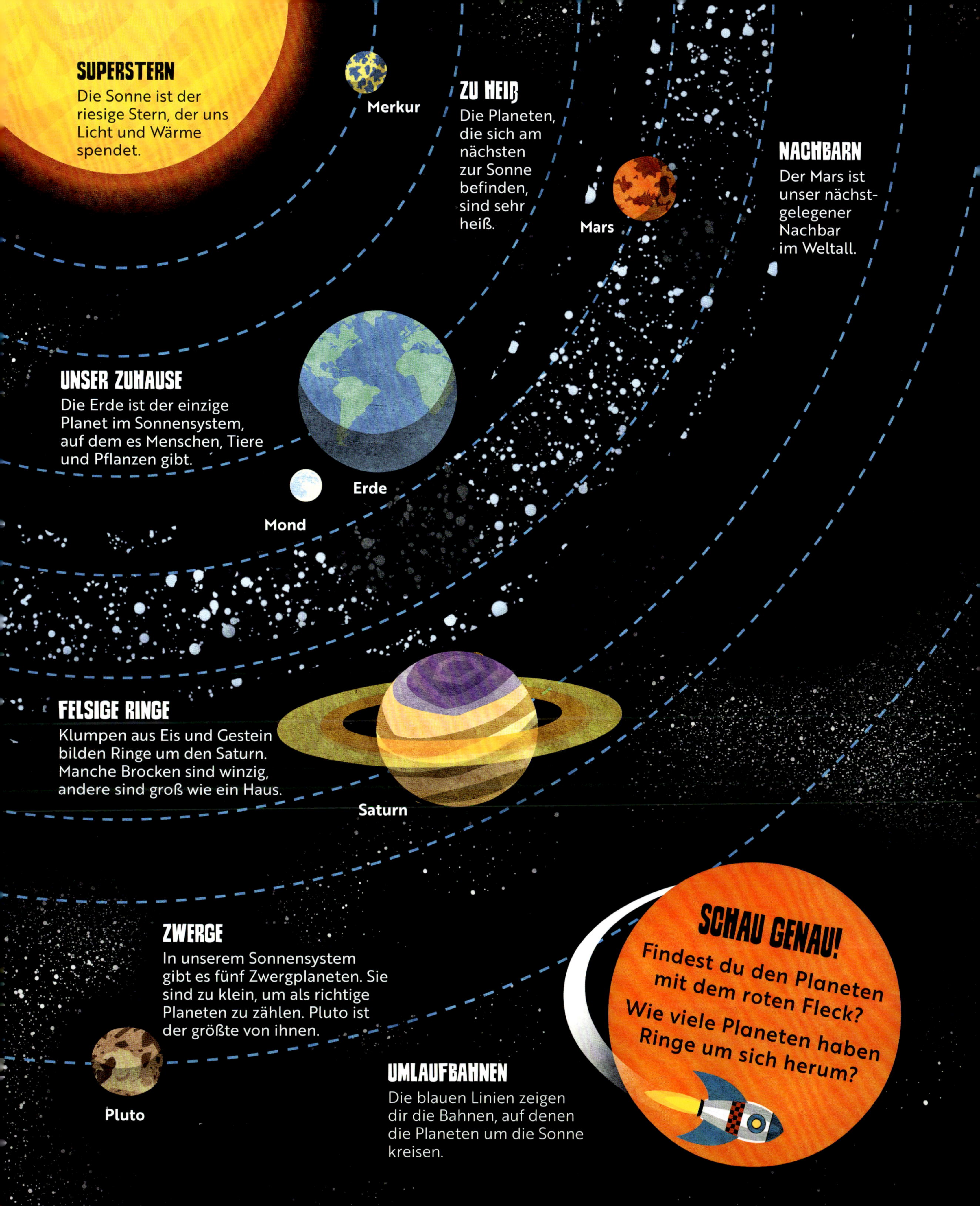

SUPERSTERN

Die Sonne ist der riesige Stern, der uns Licht und Wärme spendet.

ZU HEIß

Die Planeten, die sich am nächsten zur Sonne befinden, sind sehr heiß.

NACHBARN

Der Mars ist unser nächstgelegener Nachbar im Weltall.

UNSER ZUHAUSE

Die Erde ist der einzige Planet im Sonnensystem, auf dem es Menschen, Tiere und Pflanzen gibt.

FELSIGE RINGE

Klumpen aus Eis und Gestein bilden Ringe um den Saturn. Manche Brocken sind winzig, andere sind groß wie ein Haus.

ZWERGE

In unserem Sonnensystem gibt es fünf Zwergplaneten. Sie sind zu klein, um als richtige Planeten zu zählen. Pluto ist der größte von ihnen.

UMLAUFBAHNEN

Die blauen Linien zeigen dir die Bahnen, auf denen die Planeten um die Sonne kreisen.

SCHAU GENAU!

Findest du den Planeten mit dem roten Fleck?

Wie viele Planeten haben Ringe um sich herum?

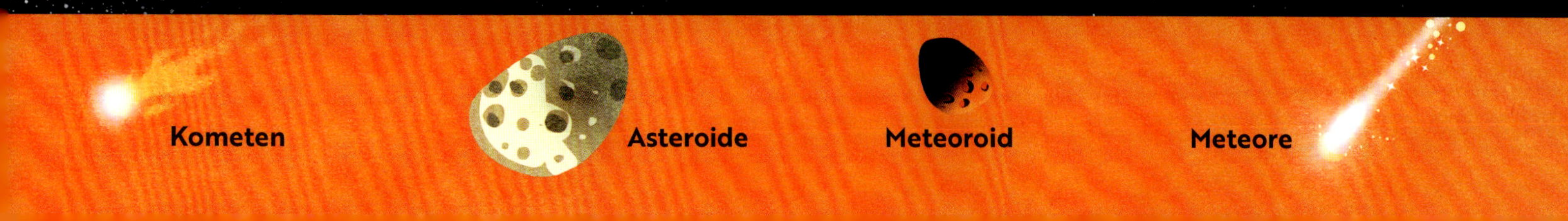

WER LEBT AUF DEM MARS?

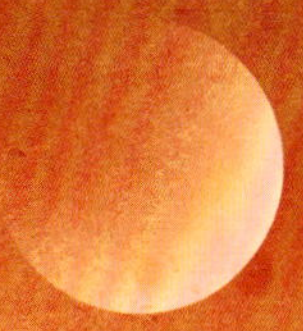

Dieser auf dem Mars umherstreifende Roboter ist ein Marsrover, der unseren nächsten Nachbarn im All erkundet. Bis heute hat kein Mensch jemals diesen felsigen roten Planeten betreten. Von der Erde aus gesteuerte Sonden und Rover werden ausgesandt, um mehr über den Mars zu erfahren. Die Rover sind mit speziellem Werkzeug und wissenschaftlichen Instrumenten ausgestattet, um nach Hinweisen für Leben zu suchen. Forschende wollen herausfinden, ob Menschen eines Tages auf dem Mars leben könnten.

Doch der Mars ist Millionen von Kilometern entfernt. Es würde etwa neun Monate dauern, um mit einer Rakete dorthin zu gelangen!

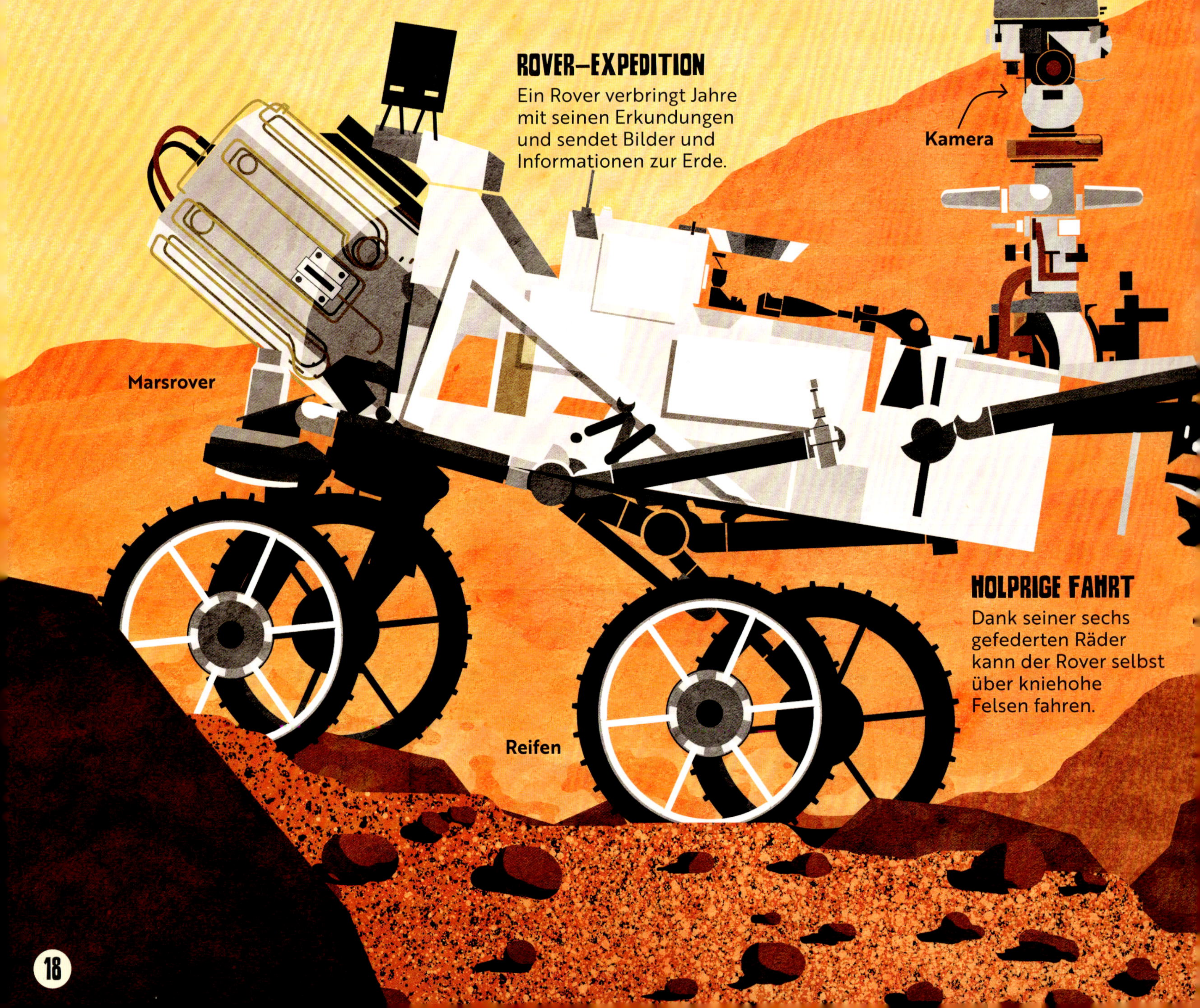

ROVER-EXPEDITION

Ein Rover verbringt Jahre mit seinen Erkundungen und sendet Bilder und Informationen zur Erde.

HOLPRIGE FAHRT

Dank seiner sechs gefederten Räder kann der Rover selbst über kniehohe Felsen fahren.

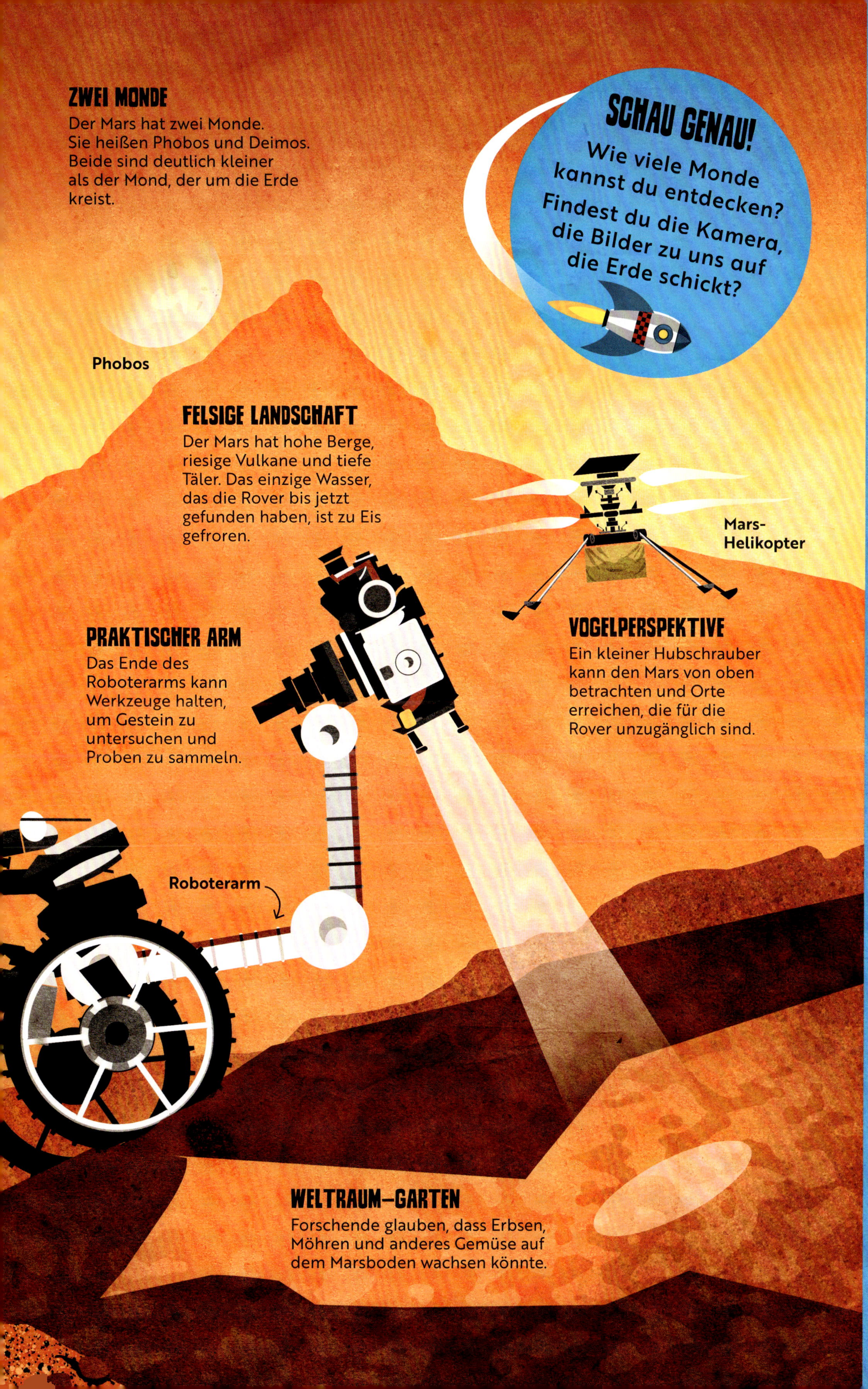

ZWEI MONDE

Der Mars hat zwei Monde. Sie heißen Phobos und Deimos. Beide sind deutlich kleiner als der Mond, der um die Erde kreist.

SCHAU GENAU!

Wie viele Monde kannst du entdecken? Findest du die Kamera, die Bilder zu uns auf die Erde schickt?

FELSIGE LANDSCHAFT

Der Mars hat hohe Berge, riesige Vulkane und tiefe Täler. Das einzige Wasser, das die Rover bis jetzt gefunden haben, ist zu Eis gefroren.

PRAKTISCHER ARM

Das Ende des Roboterarms kann Werkzeuge halten, um Gestein zu untersuchen und Proben zu sammeln.

VOGELPERSPEKTIVE

Ein kleiner Hubschrauber kann den Mars von oben betrachten und Orte erreichen, die für die Rover unzugänglich sind.

WELTRAUM-GARTEN

Forschende glauben, dass Erbsen, Möhren und anderes Gemüse auf dem Marsboden wachsen könnte.

Wie landen Rover auf dem Mars?

1. Der Fallschirm öffnet sich!

2. Der Rover löst sich.

3. Düsen an!

4. Der Rover entfaltet sich …

. . . und ist bereit, auf Erkundungsfahrt zu gehen!

WELTRAUM-SCHROTT

Pass auf! Im All musst du umherfliegendem Abfall ausweichen, zum Beispiel Schrauben, Werkzeugen und alten Raketenteilen.

All dieser Schrott stammt von unserem Planeten. Wir müssen den Weltraum säubern, damit er auch für künftige Reisen sicher ist. Selbst winzige Objekte sind gefährlich!

ACHTUNG!
Forschende senden von der Erde aus Radiowellen ins All, um Schrottteile aufzuspüren. So können Raumfahrzeuge auf Abstand bleiben.

Findest du den Weltraumschrott?

AUS DEM WEG!

Die Internationale Raumstation muss ihre Position ändern, wenn sich ihr Weltraumschrott nähert.

SCHAU GENAU!

Wie viele fallen gelassene Handschuhe zählst du?

Erkennst du den Strahl aus Radiowellen?

KAPUTT GEGANGEN

Im Weltraum gibt es Tausende von Satelliten. Wenn sie kaputtgehen, bleiben sie als Müll im All zurück.

RASENDE TEILCHEN

Farbbröckchen von Raketen verursachen Schäden, wenn sie bei hoher Geschwindigkeit auf Raumfahrzeuge prallen.

UPS!

Kameras, Handschuhe und andere Dinge werden auf Weltraumspaziergängen versehentlich fallen gelassen.

GELBES EIS

Der Urin der Besatzung wird im All entsorgt und gefriert dort zu Kristallen.

POSTKARTEN VON DEN PLANETEN

MERKUR
Das ist DER Planet für deinen Geburtstag. Ein Tag auf dem Merkur entspricht 58 Tagen auf der Erde!

VENUS
Igitt! Hier riecht es nach faulen Eiern! Es ist kochend heiß hier und es gibt feurige Vulkane und sauren Regen.

Was würdest du entdecken, wenn du durchs Sonnensystem reisen könntest? Auf jedem der acht Planeten würdest du sehr unterschiedliche Abenteuer erleben, von denen du auf den Potskarten nach Hause schreiben könntest.

Manche Planeten sind kochend heiß, andere sind eiskalt. Die Planeten haben verschiedene Farben, da sie aus unterschiedlichen Gasen und Gestein bestehen. Merkur, Venus, Erde und Mars sind felsig. Jupiter, Saturn, Uranus und Neptun sind Bälle aus wirbelndem Gas. Wenn du versuchen würdest auf ihnen zu landen, würdest du glatt hindurchfallen.

SATURN
Ich wünschte, du wärst hier! Die Aussicht auf dem Saturn ist unglaublich. Sieben Ringe aus Eis und Gestein funkeln am Himmel. Und bis jetzt habe ich über 80 Monde gezählt!

Die Planeten des Sonnensystems!

MARS

Ich habe ein paar Tage auf diesem staubigen, steinigen Planeten verbracht. Hier gibt es gewaltige Staubstürme, die wochenlang andauern. Jetzt nimmt der Wind gerade zu. Mist!

SCHAU GENAU!

Wie viele blaue Planeten kannst du entdecken?

Welcher ist der rote Planet?

JUPITER

Viele Grüße von diesem riesigen Gasplaneten. Das Wetter ist schlecht! Seit Hunderten von Jahren wütet hier ein Sturm, der drei Mal so groß ist wie die Erde!

Jupiter

Saturn

URANUS

Dieser Planet ist eisig und stinkt. Alles ist hier von einer Art Ozean aus Matsch bedeckt. Selbst der Wind ist voller Eiskristalle. Brrrrrr!

Uranus

NEPTUN

Dieser Ort ist über 4,5 Milliarden Kilometer von der Erde entfernt. Er erinnert mich an Uranus, da es hier auch sehr kalt und eisig ist. Außerdem herrscht hier dichter Nebel, und der Wind macht nie eine Pause.

Neptun

Mars Jupiter Saturn Uranus Neptun

AUF DER MILCHSTRAẞE

Stell dir einen Ort vor, der so gigantisch groß ist, dass es Millionen von Jahren dauern würde, mit einer Rakete von einem Ende zum anderen zu fliegen. Du lebst mitten in diesem Ort – **er ist eine Galaxie**! Eine Galaxie ist eine riesige Ansammlung von Gas, Staub und Milliarden von Sternen und Planeten. Unser Planet Erde und das Sonnensystem befinden sich in einer wirbelnden Galaxie mit dem Namen Milchstraße. In klaren Nächten siehst du Tausende Sterne, die wie Farbsprenkel am Himmel verteilt sind. Das ist nicht der gesamte Weltraum, den du siehst, sondern nur die Sterne in unserer kleinen Ecke der Milchstraße.

WIE WEIT ENTFERNT?

Der Stern, der nach der Sonne der Erde am nächsten ist, ist knapp 40 Billionen Kilometer entfernt! Er heißt Proxima Centauri.

HUNGRIGES LOCH

In der Mitte unserer Galaxie befindet sich ein gigantisches Schwarzes Loch! Schwarze Löcher saugen alles ein, was ihnen zu nahe kommt.

LANGE ARME

Die Milchstraße ist ein spiralförmiges Gebilde mit vier langen, gebogenen Armen.

Was befindet sich in der Milchstraße?

Wolken aus Staub

Tausende Nebel

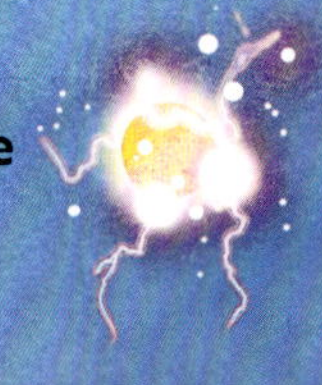

Millionen Schwarze Löcher

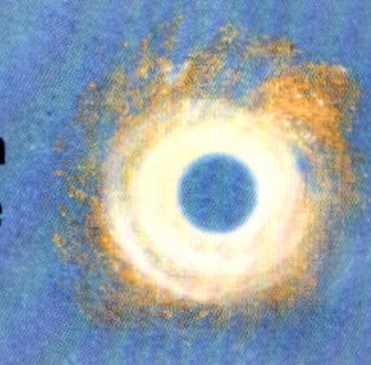

VERSCHÜTTETE MILCH

Errätst du, woher die Milchstraße ihren Namen hat? Von der Erde aus sehen die Sterne wie kleine Spritzer verschütteter Milch aus.

IST HIER JEMAND?

Unsere Galaxie besteht aus Milliarden von Planeten und Monden, die sich um Sterne herum bewegen wie unsere Erde um die Sonne. Forschende untersuchen sie nach Zeichen auf Leben.

SCHAU GENAU!

Wo ist das Schwarze Loch zu finden? Entdeckst du einen Nebel?

STERNBABYS

Diese leuchtenden farbigen Lichter sind Wolken aus Staub und Gas, auch Nebel genannt. Hier werden neue Sterne geboren.

Hunderte Milliarden Planeten

Hunderte Milliarden Monde

Hunderte Milliarden Sterne

DAS UNIVERSUM

linsenförmige Galaxie

Was meinst du, was du sehen würdest, wenn du in die tiefsten Weiten des Weltraums schauen könntest? Du würdest in schwarze Finsternis starren, die mit 100 Milliarden funkelnden Galaxien gespickt ist, von denen jede einzelne Milliarden von Sternen beherbergt. Alle diese Galaxien und alles im gesamten Weltraum werden zusammen als Universum bezeichnet. Unsere Erde und die Sonne sind nur winzige Stecknadelköpfe innerhalb einer Galaxie namens Milchstraße.

Das Universum hat gigantischere Ausmaße, als sich irgendjemand vorstellen kann! Es dehnt sich weiter aus, als man mit dem besten Teleskop schauen kann. Forschende vermuten, dass das Universum immer noch wächst und jeden Tag größer wird!

Milchstraße

UNSERE NACHBARSCHAFT

Andromeda ist die unserer Milchstraße am nächsten gelegene große Galaxie. Manchmal kann man sie von der Erde aus als hellen Fleck am Nachthimmel sehen.

GEHEIMNISVOLLE MATERIE

Der größte Teil des Universums besteht aus einem unsichtbaren Material, das Dunkle Materie genannt wird. Forschende wissen, dass diese Materie existiert, da sie alles in ihrer Nähe anzieht und verformt.

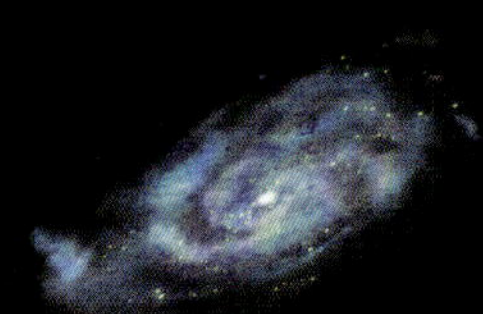

Andromeda

unregelmäßige Galaxie

ferne Galaxie

WEIT, WEIT WEG

Die am weitesten entfernten Galaxien sehen selbst durch das beste Teleskop nur wie schwach leuchtende rote Flecken aus.

Welche Formen kann eine Galaxie haben?

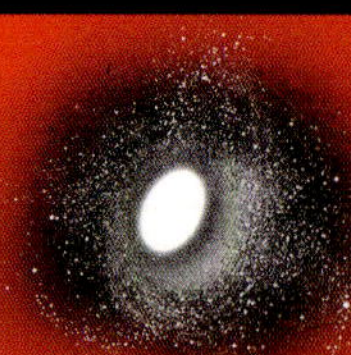

elliptisch

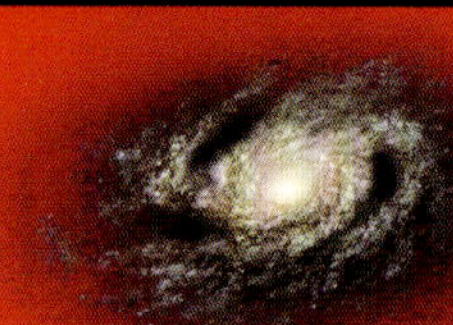

spiralförmig

SCHAU GENAU!

Findest du ein Schwarzes Loch? Wie viele Spiralgalaxien kannst du entdecken?

WIE GROSS?

Jeder dieser funkelnden Flecken ist eine Galaxie voll mit Milliarden von Sternen.

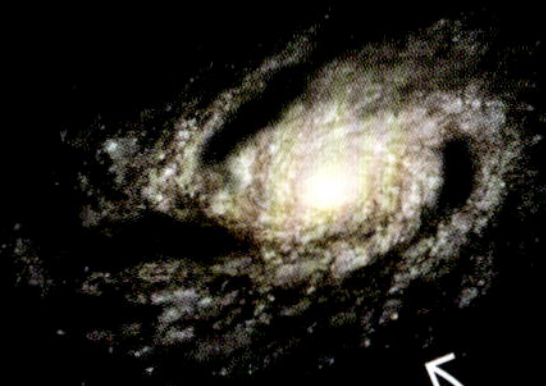

GALAXIE-FORMEN

Galaxien haben unterschiedliche Formen. Viele sind spiralförmig, aber sie können auch aussehen wie Hüte, Bälle, Eier oder seltsame Kleckse.

SCHWARZE LÖCHER

Wenn ein sehr großer Stern stirbt, explodiert er und wird zu einem Schwarzen Loch. Schwarze Löcher saugen alles um sich herum ein, sogar Sterne.

linsenförmig

unregelmäßig

BLICK INS WELTALL

Auch ohne jemals die Erde zu verlassen, kannst du das All erkunden. Weltraumforschende studieren den Mond, die Sterne und Planeten mit leistungsstarken Teleskopen, die sehr weit entfernte Dinge ganz nah zeigen. Es gibt verschiedene Arten von Teleskopen. Ein Radioteleskop sieht wie eine riesige Schale aus. Es empfängt unsichtbare Radiowellen und zeigt Dinge, die wir nicht sehen können. Eine andere Art von Teleskop befindet sich in einem kuppelförmigen Gebäude, das Sternwarte genannt wird. Das Dach lässt sich öffnen, und das Teleskop zeigt nach oben in den funkelnden Nachthimmel. Am meisten kann man aber mit Weltraumteleskopen sehen. Sie werden mit Raketen ins All geschossen und senden Bilder und Informationen zurück zur Erde.

EINSCHALTEN

Radioteleskope nehmen die Energie von unsichtbaren Dingen auf, wie zum Beispiel von Schwarzen Löchern.

TAG UND NACHT

Ein Radioteleskop nimmt rund um die Uhr Informationen auf.

Womit können wir den Weltraum betrachten?

Fernglas

Teleskop

AUSSICHT IM ALL

Tausende von Kilometern von der Erde entfernt erkunden Weltraumteleskope das Universum.

SCHAU GENAU!

Findest du den Planeten Venus am Nachthimmel?

Welches Teleskop sieht aus wie eine Schale?

BEWEGLICH

Das Teleskop kann in alle Richtungen geschwenkt werden. So lässt sich der gesamte Himmel betrachten.

GROßE TELESKOPE

Teleskope erfassen das Licht von Sternen, Planeten und Galaxien. Sie funktionieren am besten in wolkenlosen Nächten.

STERNENGUCKER

Sternwarten erlauben ihren Besucherinnen und Besuchern häufig, durch das Teleskop zu schauen.

Radioteleskop

Sternwarte

James-Webb-Weltraumteleskop

WELTRAUM-BEGRIFFE

ANDOCKEN – wenn eine Raketenkapsel z. B. an der Internationalen Raumstation befestigt wird.

ANTENNE – eine Vorrichtung, die Radiowellen sendet und empfängt.

ASTEROID – ein seltsam geformter Felsbrocken, der im All um die Sonne kreist. Einige Asteroide entsprechen der Größe eines Autos, andere sind sogar Hunderte von Kilometern groß.

ASTEROIDENGÜRTEL – ein Gürtel aus fast zwei Millionen Gesteinsbrocken oder Asteroiden, der die Sonne umgibt.

ASTRONAUT/IN – eine Person, die ins Weltall reist.

ATMOSPHÄRE – eine unsichtbare Schicht aus Gasen, die einen Planeten, Mond oder Stern umgibt.

GALAXIE – eine gigantische Ansammlung von Sternen, Planeten, Gas und Staub. Galaxien gibt es in vielen verschiedenen Formen. Sie können Milliarden von Sternen beherbergen. Unsere Galaxie heißt Milchstraße.

KAPSEL – der obere Teil einer Rakete, der bis ins All fliegt.

KOMET – ein großes Objekt bestehend aus Eis und Staub mit einem langen Schweif.

KRATER – eine große, schalenförmige Vertiefung im Boden, verursacht durch Weltraumgestein oder Meteorite.

METEOR – ein schnell fliegendes Weltraumgestein, das in der Atmosphäre verglüht, auch Sternschnuppe genannt.

METEORIT – ein kleines Weltraumgestein, das mit einem Planeten zusammengestoßen ist.

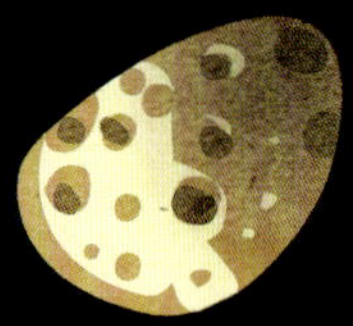

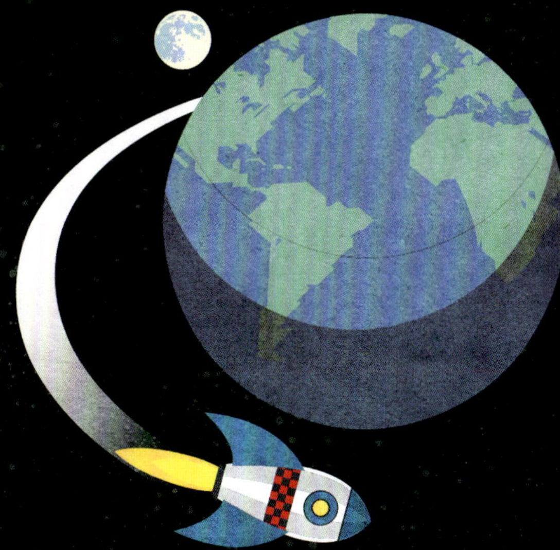

METEOROID – ein Weltraumgestein, das von einem Asteroiden oder Kometen abgebrochen ist. Meteoroide können so klein wie ein Sandkorn oder so groß wie ein Auto sein.

MOND – ein Objekt, das um einen Planeten oder Asteroiden kreist.

NEBEL – eine riesige Wolke aus Gas und Staub im Weltall.

PLANET – ein großes, rundes Objekt im All, das um die Sonne oder einen anderen Stern herum kreist.

RAKETE – ein Fahrzeug, um ins Weltall zu fliegen.

RAUMSONDE – ein Raumfahrzeug ohne Menschen an Bord.

ROVER – ein Fahrzeug ohne Türen oder Dach, um die Oberfläche eines Planeten oder Mondes zu erkunden.

SATELLIT – jedes Objekt, das sich um ein anderes Objekt im All bewegt. Es kann ein Kommunikationsgerät sein, das die Erde umkreist, oder ein Raumfahrzeug, das einen anderen Planeten umkreist.

SCHWARZES LOCH – eine riesige Fläche im All, die alles um sich herum einsaugt. Sie entsteht, wenn ein großer Stern explodiert. Nichts kann einem Schwarzen Loch entkommen – nicht einmal Licht.

SOLARKOLLEKTOR – ein Gerät, das Sonnenlicht aufnimmt und in Strom verwandelt.

SONNE – der Stern, in der Mitte des Sonnensystems. Nur durch seine Wärme und sein Licht können Menschen, Tiere und Pflanzen auf der Erde leben.

SONNENSYSTEM – die acht Planeten, einschließlich der Erde und den Zwergplaneten, Monden, Asteroiden, Meteoroiden und Kometen, die sich um die Sonne herum bewegen.

STERN – ein Ball aus Gas, der am Himmel leuchtet. Der Stern, der zur Erde gehört, ist die Sonne.

STERNSCHNUPPE – ein Weltraumgestein, das sehr schnell durchs All saust und verglüht, sobald es sich der Erde nähert, auch Meteor genannt.

STERNWARTE – ein Gebäude mit einem leistungsstarken Teleskop, um ins Weltall zu schauen.

TELESKOP – ein Gerät, um Dinge, die sehr weit entfernt sind, nah zu sehen. Ein Teleskop kann sich auf der Erde oder im All befinden.

UMLAUFBAHN – die gekrümmte Bahn eines Planeten, Satelliten oder Raumschiffs, auf der es sich bei seiner Reise um ein anderes Objekt herum bewegt.

UNIVERSUM – der gesamte Weltraum und alles, was darin jemals existiert hat: Planeten, Sterne, Galaxien, Energie und Zeit.

ZWERGPLANET – ein Objekt, das zu klein ist, um ein richtiger Planet zu sein. Forschende haben im Sonnensystem fünf Zwergplaneten entdeckt und benannt, einer davon ist Pluto.

STICHWORTVERZEICHNIS